# DES CONCORDATS AMIABLES

ou

# LIQUIDATIONS JUDICIAIRES

Par M. Maxime LECOMTE,

AVOCAT,

PROFESSEUR DE DROIT COMMERCIAL.

*(Extrait du Bulletin de la Société Industrielle d'Amiens de Juillet 1880.)*

L'Assemblée générale a décidé l'envoi à Messieurs les Sénateurs et Députés
du Département de la Somme. *(Séance du 24 Mai 1880.)*

AMIENS,

IMPRIMERIE DE T. JEUNET,

45, RUE DES CAPUCINS, 45.

—

1880.

# DES CONCORDATS AMIABLES OU LIQUIDATIONS JUDICIAIRES

PAR

M. MAXIME LECOMTE,

AVOCAT,

PROFESSEUR DE DROIT COMMERCIAL.

(Lecture faite dans l'Assemblée générale du 24 Mai 1880.)

MESSIEURS,

Les réformes et les modifications à apporter à la loi des faillites sont, on peut le dire, à l'ordre du jour. Des membres du Parlement, des négociants, des publicistes, des jurisconsultes, ont pris l'initiative de la réforme et créé en sa faveur une agitation qui semble ne pas devoir rester stérile.

Les Sociétés Industrielles seront naturellement appelées à donner leur avis sur ces graves questions. Il leur appartient également d'en préparer la solution, en étudiant des projets, en formulant des propositions.

Ces considérations m'ont amené à faire part à votre Comité d'économie politique et sociale d'une étude sur les concordats amiables ou liquidations judiciaires. J'ai l'honneur de la soumettre aujourd'hui à votre Assemblée générale.

## I.

Ce qui touche à l'organisation des faillites, à la situation du débiteur obligé de cesser ou de suspendre ses paiements, ne manque jamais d'opportunité. De plus, la question que je viens d'énoncer est actuellement soumise à la Chambre des Députés. Dans la séance du 3 avril 1879, MM. Desseaux, Dautresme, Richard Waddington ont présenté une proposition de loi en seize articles sur les concordats amiables.

Déjà, en 1872, M. Ducuing avait déposé un premier projet sur lequel l'urgence fut votée, mais qui fut retiré par son auteur, après l'avis défavorable de la Commission chargée de l'examiner.

Le but du concordat amiable ou liquidation judiciaire n'est pas le même que celui du sursis de paiement. Cette dernière mesure est destinée à venir en aide aux commerçants momentanément gênés par suite de circonstances extraordinaires et imprévues, mais dont l'actif égale le passif. (V. Étude sur la loi belge de 1851. Bull. II. 1879.)

La liquidation judiciaire vient, d'une façon générale, au secours du commerçant malheureux et de bonne foi ; elle empêche que la qualification de failli lui soit appliquée ainsi que ses conséquences si rigoureuses. La loi sur le sursis de paiement semble cependant devenir inutile, s'il en est adopté une qui permette la liquidation judiciaire.

Un grand nombre de présidents des Tribunaux de Commerce ont pensé que la loi des faillites, laquelle date, chez nous, de 1838, devait être modifiée en ce sens.

Le président du Tribunal de Commerce de Marseille disait en 1872 : « Si la liquidation judiciaire devenait un droit acquis et sanctionné par la loi pour le négociant malheureux, ce dernier pourrait venir résolûment, dès ses premiers embarras, confier ses intérêts et ceux de ses créanciers à un liquidateur désigné par le Tribunal. »

De son côté, le président du Tribunal de Commerce de Lyon disait le 15 mars de la même année : « Appliquer la qualification de failli avec toutes ses conséquences à tout individu en état de suspension de paiements peut paraître une mesure excessive et peu en harmonie avec l'état de nos mœurs. »

Le principal inconvénient d'une législation trop rigoureuse, c'est qu'elle tend à être inappliquée ; la pratique s'efforce de s'y soustraire.

Balzac disait, sous l'empire du Code de 1808 : « Les gros négociants ne déposent plus leur bilan ; ils liquident à l'amiable : les créanciers donnent quittance en prenant ce qu'on leur offre. On évite alors le déshonneur, les délais judiciaires, les honoraires d'agréés, les dépréciations de marchandises. Chacun croit que la faillite donnerait moins que la liquidation. » (Grandeur et décadence de César Birotteau.) Ces constatations sont-elles moins vraies à l'époque actuelle ?

Ainsi, pour avoir voulu donner un secours plus efficace à certains intérêts qui devaient être sauvegardés, le législateur leur enlève, en fait, les garanties qui leur sont indispensables. L'exposé des motifs de la proposition de loi de M. Desseaux et de ses collègues dit à cet égard : « Dans les années 1875-1879, les présidents des Tribunaux de Commerce de Paris, de Rouen, de Dijon, d'Amiens, de Marseille, ont signalé l'augmentation du nombre des faillites clôturées pour insuffisance d'actif et le nombre non moins grand de faillites réelles dissimulées sous la forme d'arrangements clandestins. Les efforts que font les commerçants, embarrassés dans leurs affaires, ou pour retarder la faillite, ou pour y échapper, s'expliquent par les conséquences rigoureuses de la suspension des paiements. Par le fait seul de la cessation des paiements, la faillite est déclarée. Le Tribunal n'a pas à rechercher les causes qui ont pu la produire, si elle est le résultat d'une faute imputable au débiteur, ou d'un fait imprévu et parfois d'une force majeure. Le failli peut être immédiatement atteint dans sa liberté ; il est dessaisi de l'administration de ses biens et frappé d'incapacités, non-seulement commerciales, mais civiles et politiques. »

Quel est donc le problème ? Tempérer les rigueurs de la législation et simplifier la procédure ordinaire de la faillite, tout en sauvegardant les intérêts divers que la suspension des paiements met en présence.

Cette conciliation est-elle possible ? Les auteurs de la proposition de loi l'ont pensé.

Avant d'entrer dans l'examen de cette proposition en elle-même, nous pouvons avec l'exposé des motifs nous reporter aux antécédents de la question. On sait les rigueurs de l'ancien droit contre les débiteurs qui manquaient à leurs engagements.

« En 1678, la continuation des guerres entreprises par Louis XIV avait rendu plus difficiles les relations internationales. Un assez grand nombre de commerçants, par suite des pertes qu'ils avaient subies, s'étaient vus dans l'impossibilité de faire face à leurs engaments, et ils s'étaient mis, par la fuite, à l'abri des sévérités de la loi. Prenant en considération les circonstances qui avaient amené ce désastre commercial, le Châtelet rendit une ordonnance qui autorisait ces commerçants à convoquer leurs créanciers à bref délai ; cette autorisation leur était accordée par une ordonnance du juge rendue sur simple requête, accompagnée d'un double état de la valeur de leurs effets et de leurs dettes. Les créanciers réunis désignaient deux d'entre eux pour vérifier cet état, et d'après leur rapport, il était procédé à l'homologation, le tout sans frais ni apposition de scellés. »

Dans les moments de crise commerciale les inconvénients inhérents à toute loi sur les faillites s'accentuent et paraissent intolérables. Dix ans après la loi de 1838, les événements politiques firent surgir plusieurs propositions ayant pour but de venir en aide aux débiteurs malheureux et de bonne foi. Le 19 mars 1848, le Gouvernement provisoire autorisa par décret les Tribunaux de Commerce à accorder à tout commerçant, sur sa requête, et à certaines conditions énumérées dans le décret, un sursis de trois mois au plus. C'était là une mesure d'un caractère essentiellement transitoire, qui semblait nécessitée par la situation critique du commerce français.

L'Assemblée nationale fut amenée à voter le décret du 22-26 août 1848 relatif aux concordats amiables, lequel contient les dispositions suivantes :

ARTICLE 1er. — Les suspensions ou cessations de paiements survenues depuis le 24 février jusqu'à la promulgation du présent décret, bien que régies par les dispositions du livre III du Code de commerce, ne recevront la qualification de faillite et n'entraîneront les incapacités attachées à la qualité de failli que dans le cas où le Tribunal de Commerce refuserait, sur motifs, d'homologuer le concordat, ou, en l'homologuant, ne déclarerait pas le débiteur affranchi de cette qualification.

ART. 2. — Le Tribunal de Commerce aura la faculté, si un arrangement amiable est déjà consenti entre le débiteur et la moitié en nombre de ses créanciers, représentant les trois quarts en sommes, de dispenser le débiteur de l'apposition des scellés et de l'inventaire judiciaire. Dans ce cas, le débiteur conservera l'administration de ses affaires et procédera à leur liquidation concurremment avec les syndics régulièrement nommés et sous la surveillance d'un juge commis par le Tribunal, mais sans pouvoir créer de nouvelles dettes.

Les dispositions du Code de commerce relatives à la vérification des créances, au concordat, aux opérations qui les précèdent et qui les suivent et aux conséquences de la faillite dont le débiteur n'est pas affranchi par l'art. 1er du présent décret, continueront de recevoir leur application. »

Le décret du 22 août 1848 fut considéré comme une loi de circonstance ayant pour but de remédier à une situation exceptionnelle. Une loi du 22 novembre 1849 rendit tout son empire au livre III du Code de commerce.

Une législation temporaire, analogue au décret du 22 août 1848, se place après la guerre de 1870-1871. (Lois relatives aux concordats amiables, 22 avril, 9 septembre et 19 décembre 1871.)

Nous arrivons ainsi à la proposition de M. Ducuing. Elle était conçue en ces termes :

ARTICLE 1er. — Les suspensions ou cessations de paiement ne recevront la qualification de faillite que dans le cas où le Tribunal de Commerce se refuserait, sur motifs, d'homologuer l'arrangement amiable intervenu entre le négociant débiteur et ses créanciers, ainsi qu'il est dit ci-après.

Art. 2. — L'arrangement est dit amiable quand il est consenti entre le débiteur et la moitié en nombre de ses créanciers représentant les deux tiers en sommes. Cet arrangement est constaté par un procès-verbal et par l'inventaire de l'actif et du passif signé par les deux parties. S'il est homologué par le Tribunal de Commerce, ce concordat dispense le débiteur de l'apposition des scellés et de l'inventaire judiciaire.

Art. 3. — Le concordat amiable ainsi constaté permet au débiteur de conserver l'administration de ses affaires et de procéder à sa liquidation concurremment et avec le consentement d'une Commission nommée par les créanciers intéressés. Le débiteur concordataire se trouve affranchi de la nomination d'un Juge-commissaire et d'un Syndic ; il est tenu seulement de déposer tous les mois, au Tribunal de Commerce, un état de situation certifié par la commission des créanciers.

Art. 4. — Le concordataire sera libéré des liens du concordat lorsqu'il aura soldé à ses créanciers le montant de son passif fixé à l'inventaire ; il reprendra alors la libre disposition de ses affaires, comme s'il n'avait pas été en suspension ou cessation de paiement.

Art. 5. — Toute fausse déclaration de créance faite par un créancier et admise par le débiteur sera punie par les articles du Code pénal relatifs à l'escroquerie et au faux témoignage.

On voit que ce projet se distingue du décret de 1848 en ce qu'il substitue aux Syndic et Juge-commissaire une Commission de créanciers et en ce qu'il organise la réhabilitation du débiteur, lorsque celui-ci a soldé à ses créanciers le montant de son passif fixé à l'inventaire. Enfin, le projet de M. Ducuing se contente d'une majorité des deux tiers en sommes, au lieu des trois quarts.

La Commission chargée de l'examiner fut d'avis qu'il y avait utilité à faire, en cette matière, une loi définitive remplaçant les dispositions transitoires : « Il y a, dit le rapport de M. Mathieu-Bodet, déposé le 17 avril 1872, il y a évidemment sur ce point une lacune dans notre législation. La majorité de la Commission pense qu'il serait sage, urgent même, d'y pourvoir. La loi qui organiscrait ce mode pratique d'arrangement entre les débiteurs et leurs créanciers donnerait satisfaction à de grands intérêts et honorerait l'Assemblée qui en serait l'auteur. »

La Commission consulta les Chambres et les Tribunaux de Commerce. Le rapport définitif, dû à M. Leroyer, conclut au rejet de la proposition (15 mai 1872).

L'exposé des motifs qui précède la proposition Desseaux analyse de la manière suivante le rapport de M. Leroyer :

« Il commence par critiquer le projet, comme portant atteinte au principe sur lequel repose la déclaration de faillite : la nécessité de maintenir l'exécution rigoureuse des engagements commerciaux. Il lui reproche de supprimer le dessaisissement nécessaire imposé au failli, et de substituer à l'instruction prescrite pour vérifier sa situation, un arrangement dépourvu des garanties destinées à constater la sincérité de l'inventaire et du bilan. Il impose, en cas d'homologation, à la minorité des créanciers la loi de la majorité ; il constitue non pas des concordats amiables, mais des concordats forcés avant faillite. »

Ce dernier reproche est certainement fondé. Le terme de *liquidations judiciaires* ou de *concordats exceptionnels* convient mieux que celui de concordats amiables à l'objet des propositions Ducuing et Desseaux.

Cette dernière proposition est ainsi résumée dans son exposé des motifs :

« Sur la demande du débiteur, les créanciers sont appelés à se réunir dans une des salles du prétoire, sous la surveillance d'un juge désigné à cet effet ; un liquidateur nommé d'office assiste le commerçant pour la rédaction du bilan (art. 1 et 2).

« Le débiteur n'est pas immédiatement dessaisi de l'administration de ses biens ; mais son droit de disposer est renfermé dans d'étroites limites (art. 3).

« Les créanciers convoqués désignent deux d'entre eux pour contrôler la situation du commerçant. Les titres des créanciers sont vérifiés dans un bref délai (art. 6).

« Huit jours après, les créanciers sont convoqués de nouveau pour se prononcer sur les propositions du débiteur (art. 7).

« Il se présente une modification au droit actuel ; le projet, en maintenant la majorité en nombre, propose de la réduire en sommes aux deux tiers au lieu des trois quarts. Cette innovation, empruntée à la législation anglaise, a pour but d'obvier à un abus qui se produit assez souvent dans les faillites d'une importance modique, où le refus d'un ou de plusieurs créanciers suffit pour empêcher la conclusion d'un arrangement accepté par tous les intéressés. Si, dans cette réunion, il n'est pas intervenu de traité, une dernière réunion est provoquée à bref délai (art. 8).

« Dans les trois jours, le concordat, s'il est consenti, est soumis au Tribunal qui statue sur le rapport du Juge-commissaire (art. 9).

« S'il y a homologation, les effets en sont déterminés par l'article 10.

« Dans le cas où les créanciers n'auraient pas accepté les propositions de leur débiteur, l'article 11 laisse au Tribunal la faculté d'apprécier la situation du commerçant, les causes de la suspension des paiements et de déclarer ou la faillite ou la liquidation en affranchissant le débiteur de la qualification de failli.

« L'exécution de la loi est assurée par une double sanction :

« 1° La nullité de tous les arrangements souscrits en dehors des formalités prescrites (art. 12).

« 2° L'action en nullité ouverte aux intéressés pour tous les cas de fraude.

« L'article 14 réglemente les cas et la forme dans lesquels les jugements rendus pourraient être attaqués, et l'article 15, la communication des documents déposés au greffe du Tribunal de Commerce.

« Ces dispositions, dans leur ensemble, répondent à toutes les objections qui avaient été soulevées contre les projets antérieurs concernant les concordats amiables. »

Si cette dernière affirmation était exacte, les Chambres devraient adopter, sans hésiter, le projet. Mais il soulève encore de puissantes objections et n'a certainement pas répondu à toutes les critiques.

Il faut, tout d'abord, se bien pénétrer du but d'une loi nouvelle sur le concordat, qu'on l'appelle concordat amiable ou liquidation judiciaire. Ce doit être une simple addition à la loi des faillites, addition qui respecte les dispositions de la loi et ne soit pas destinée à les remplacer dans la plupart des cas. Le but tout spécial et d'un caractère exceptionnel de cette addition, c'est d'arracher à la faillite et à ses conséquences rigoureuses le débiteur malheureux et de bonne foi, qui se trouve en présence d'une majorité de créanciers disposée à compatir à son malheur et à excuser sa conduite, mais en même temps en présence de quelques créanciers animés de sentiments haineux ou cupides qui veulent profiter de ce malheur ou, en tout cas, ne pas lui accorder la pitié qui lui est due.

Si la loi dépasse ce but, qui paraît bien déterminé et facile à atteindre, elle est inacceptable et doit être repoussée comme bouleversant la législation en une matière fort délicate, pour laquelle on peut dire que souvent le mieux est le plus grand ennemi du bien.

Si l'on admet ce point de départ, peut-on approuver l'article 11 de la proposition qui, au cas d'opposition de la part de créanciers représentant au moins le tiers du passif, laisse encore au Tribunal de Commerce la faculté de déclarer qu'il n'y aura pas de faillite, mais seulement liquidation.

Pourquoi préférer le bon plaisir des Tribunaux de Commerce à la volonté des intéressés ?

M. Bravard-Veyrières disait dans un rapport à l'Assemblée nationale, en 1848 : « Il est toujours grave et souvent dangereux de déroger à la hâte, dans un moment de crise, pour des nécessités passagères, à un système de législation consacré par l'expérience. Il en résulte à peu près inévitablement des conséquences fâcheuses qu'on n'avait même pu prévoir. Cela serait particulièrement vrai de la législation des faillites qui a été, en 1807, élaborée avec tant de soin, puis révisée en 1838 après des discuscussions longues et approfondies, et dont la jurisprudence a aujourd'hui fixé définitivement le sens. Il ne faudrait donc s'en écarter qu'autant qu'on ne pourrait pas faire autrement. »

On ne peut pas non plus se dissimuler que le projet ne répond pas d'une façon satisfaisante à l'objection tirée du danger du non-dessaisissement du débiteur. On ne voit pas bien l'utilité d'écrire dans la loi que ce débiteur procédera au recouvrement des effets et créances exigibles concurremment avec le liquidateur. Les faillis, qui sont complétement dessaisis de leurs biens, donnent toujours au syndic, lequel est le liquidateur d'après la loi actuelle, le concours dont ce liquidateur a besoin. Seuls les faillis qui méritent d'être déclarés banqueroutiers ne font pas leur possible pour que la liquidation s'opère au mieux des intérêts de la masse.

L'article 3 dit bien qu'en cas de nécessité, le débiteur et le liquidateur pourront continuer l'exploitation du commerce avec l'autorisation du juge délégué.

Mais cette disposition n'ajoute rien au fond de la législation actuellement en vigueur, qui permet la continuation des opérations commerciales au profit de la masse. Les tiers sauront bien que la personnalité du débiteur est doublée de celle d'un liquidateur, comme ils savent, en cas de faillite, que le commerce est exercé par un syndic. Qu'y gagnera le crédit du débiteur ?

Nous croyons qu'il serait plus simple et plus sage de remplacer la proposition Desseaux par une autre qui apporterait une simple addition à la loi de 1838. Cette addition consisterait à introduire une procédure sommaire, en matière de concordat, lorsque le débiteur, déposant son bilan, demanderait le bénéfice de la liquidation judiciaire. Si les propositions du débiteur étaient acceptées par les créanciers, le Tribunal, en homologuant le traité, déclarerait provisoirement la liquidation, au lieu de la faillite. En cas d'exécution du traité par le débiteur, dans les délais convenus, un nouveau jugement déclarerait la liquidation terminée et la remise du débiteur à la tête de ses affaires ; en cas d'inexécution, le Tribunal déclarerait le concordat résolu et la faillite ouverte.

Cette proposition, qui pourrait être rédigée en quelques articles, serait la combinaison d'un article de loi emprunté à un peuple voisin (art. 520 du Code belge), de dispositions du Code de commerce en matière de concordat et d'une certaine partie des propositions Ducuing et Desseaux, notamment de l'art. 4 de la proposition Ducuing.

Voici comment l'exposé des motifs de la Loi belge justifie la procédure sommaire en matière de concordat :

« Lorsque tout annonce que la généralité des créanciers présumés est disposée à accéder, sans autres formalités, aux propositions de concordat que le débiteur leur a présentées en faisant l'aveu de sa faillite ; lorsque la bonne foi du débiteur n'est pas suspectée, et lorsqu'il a d'ailleurs satisfait aux obligations que lui impose la loi relativement à l'aveu de sa faillite, on a pensé qu'il y avait lieu d'autoriser le Tribunal à ordonner, s'il le trouve convenir d'après l'ensemble des circonstances, la convocation immédiate des créanciers pour délibérer sur le concordat...... On régularise ainsi, avec plus de garanties, les arrangements qui se font aujourd'hui assez généralement en dehors des prévisions et des prescriptions de la loi. »

Un point assez délicat à déterminer est la fixation de la majorité en sommes nécessaire pour permettre la liquidation judiciaire.

M. Desseaux et ses collègues, auteurs du projet soumis à la Chambre des Députés, pensent que cette majorité doit être abaissée. Pour que le débiteur mérite la faveur de voir substituer une liquidation à la faillite ordinairement entraînée par la suspension de paiement, nous croyons, au contraire, qu'il est désirable que cette majorité soit élevée. La célérité avec laquelle on est

obligé de procéder exige qu'on prenne plus de précautions que
dans les cas ordinaires. De deux choses l'une, ou le débiteur se
trouve dans la situation ordinaire des faillis et la loi de 1838
sauvegarde seule d'une manière suffisante les intérêts divers que
cette situation met en présence, ou bien le débiteur se trouve dans
une situation toute particulière qui lui conserve les sympathies
des tiers et mérite les plus grands égards. Dans ce cas, on doit
compter, sinon sur l'unanimité des créanciers, du moins sur le
concours d'une majorité suffisante pour lui assurer le bénéfice de
la liquidation judiciaire et lui permettre d'arriver à une réhabilitation simplifiée.

## II.

Après la lecture du rapport que vous venez d'entendre, j'ai
communiqué au Comité d'économie politique une proposition ou
projet en quatre articles.

Le Comité a bien voulu prendre ce projet en considération et
décider qu'il serait discuté dans une nouvelle séance.

Lors de cette deuxième réunion, j'ai demandé à mes collègues
la permission de résumer devant eux l'esprit et le but de ma
proposition.

C'est ce que j'ai fait de la façon suivante :

Il résulte de la loi de 1838 et de son application :

1° Qu'un commerçant dont l'actif est égal ou supérieur à son
passif, mais qui est momentanément obligé de suspendre ses
paiements peut être déclaré en faillite ;

2° Qu'un commerçant embarrassé dans ses affaires, par suite
de circonstances qu'il ne pouvait prévoir, et qui obtiendrait de la
majorité de ses créanciers un atermoiement lui permettant de
reprendre ses affaires et peut-être, les circonstances le favorisant,
de désintéresser complètement ses créanciers, peut également se
voir obligé de déposer son bilan ou d'être déclaré en faillite sur la

demande d'un seul créancier et n'arriver à l'obtention d'un concordat qu'après une procédure longue et onéreuse à la fois pour
lui et pour la masse des créanciers.

La Loi belge pourvoit au premier cas par le sursis de paiement ;
au second, par une procédure abrégée aboutissant au concordat.

On évite ainsi, dans le premier cas, la déclaration même de
faillite et ses conséquences rigoureuses ; — dans les deux cas,
des frais onéreux et la perte des chances d'une heureuse liquidation,
du retour du débiteur à une meilleure fortune.

1$^{re}$ QUESTION. — *Faut-il n'apporter aucune modification à la
loi de* 1838 ?

C'est l'avis de M. Leroyer (Rapport du 15 mai 1872 ; *Journal
officiel* du 5 juin) ; des Chambres de commerce de Saint-Étienne,
Reims, Nancy, Lyon, Marseille, Bordeaux, Lille, Rouen, Nantes,
Elbeuf et du Tribunal de Commerce de la Seine.

Ce n'est pas l'avis de M. Mathieu-Bodet (Rapport du 17 avril).
Il y a évidemment une lacune dans notre législation ; il serait
sage, urgent même d'y pourvoir. On trouve, en ce sens, seulement
80 Chambres ou Tribunaux de Commerce sur 210.

2$^{me}$ QUESTION. — *Faut-il modifier profondément notre loi
des faillites ?*

On s'explique la résistance aux réformes proposées jusqu'ici
devant les Chambres : l'institution de la faillite avec ses conséquences rigoureuses pour celui qui ne remplit pas ses engagements
est nécessaire au crédit commercial. Un commerçant *tombé* ne
peut se relever que par la réhabilitation, c'est-à-dire par la
satisfaction complète de ses créanciers. Le paiement d'un dividende
n'en fait qu'un concordataire, remis à la tête de ses affaires, mais
qui reste atteint d'une flétrissure indispensable au respect des
engagements commerciaux.

Notre proposition se concilie avec ces principes. Elle contient
des garanties indispensables pour maintenir l'égalité entre les

créanciers, pour sauvegarder l'intérêt public, et pour prévenir des fraudes de la part du débiteur.

Ces garanties nécessaires sont le *dessaisissement du failli* et la *vérification des créances.*

La portée de la proposition Desseaux est restreinte, mais ses inconvénients disparaissent et deux grands avantages sont atteints :

1° Institution équivalente au sursis de paiement ;

2° Procédure simplifiée du concordat et de la réhabilitation.

Nous n'avons pas voulu chercher de solution à la question de savoir si les incapacités qui frappent le failli doivent être uniquement commerciales ou aussi civiles et politiques. C'est là un point qui n'appartient pas en propre à notre matière des liquidations judiciaires, mais dépend essentiellement de la loi générale sur les faillites.

## III.

A la suite de la discussion ouverte après la lecture du texte de la proposition, le Comité a adopté le projet amendé sur plusieurs points, sur les observations de M. Oudin, conseiller à la Cour d'appel.

Voici donc le texte admis par le Comité et que je suis chargé de vous soumettre.

---

## PROPOSITION
### SUR LES LIQUIDATIONS JUDICIAIRES.

ARTICLE PREMIER. — Si le débiteur, dans les trois jours de la cessation de ses paiements, et en même temps qu'il déposera son bilan, présente les bases d'un arrangement avec ses créanciers et demande à être admis au bénéfice de la liquidation judiciaire, le Tribunal *pourra*, sur le rapport d'un juge commis par ordonnance du président au bas du bilan, ordonner que la convocation des créanciers sera faite sur le champ, au moyen de lettres chargées, et fixer, eu égard aux distances, les lieu, jour et heure de la réunion des créanciers.

Le jugement portera les dispositions ordinaires du jugement déclaratif de la faillite, mais réservera la question de la qualification de la cessation des paiements et dispensera du dépôt de la personne du débiteur à la maison d'arrêt.

La déclaration, l'affirmation, la vérification et, s'il y a lieu, l'admission des créances *pourront* être faites dans une même séance.

ART. II. — L'acceptation de l'arrangement proposé par le débiteur ne sera valable que par le concours des trois quarts des créanciers portés au bilan vérifié et représentant par leurs titres de créances admises les trois quarts des sommes dues d'après le bilan.

Si dans l'assemblée des créanciers convoquée à cet effet, il n'est pas intervenu de traité, une deuxième et dernière réunion, à laquelle les créanciers seront appelés par lettres chargées, aura lieu dans la quinzaine.

A défaut du concours des majorités prévues par le présent article, le Tribunal prononcera la faillite et renverra à l'époque ordinaire la convocation pour le concordat.

ART. III. — Si l'arrangement est accepté par les créanciers, le Tribunal en donnera acte au débiteur et prononcera l'état provisoire de liquidation judiciaire.

Ladite liquidation se fera par les soins du débiteur, avec le concours des syndics, et chaque mois un état de situation sera remis au juge commissaire.

ART. IV. — Les articles 520 à 526 du Code de commerce relatifs à l'annulation et à la résolution du concordat sont applicables à la liquidation judiciaire.

Il y aura lieu à annulation, au cas de banqueroute simple, comme au cas de banqueroute frauduleuse.

ART. V. — Lorsque l'arrangement aura été complétement exécuté, le débiteur se pourvoira par requête devant le Tribunal pour faire déclarer la liquidation judiciaire terminée et dire qu'il sera remis à la tête de ses affaires dans les termes des articles 516 et suivants du Code de commerce.

A toute époque, si le débiteur admis au bénéfice de la liquidation judiciaire justifie qu'il a payé toutes ses dettes en principal, intérêts et frais, il n'encourra ni la qualification de failli ni aucune des incapacités prévues par la loi.

La requête sera publiée dans la forme prévue pour les jugements déclaratifs de faillite. Le Tribunal ne pourra prononcer son jugement que sur le rapport du Juge-commissaire et quinze jours après la publication de la requête.

Tout créancier aura le droit de former opposition à l'obtention du jugement déclarant la clôture de la liquidation. Il devra le faire par exploit signifié au débiteur au plus tard dans les dix jours qui suivront la publication de la requête.

L'Assemblée générale, à laquelle cette rédaction est soumise, l'accepte également; elle décide que le rapport et la proposition seront imprimés et envoyés aux Sénateurs et Députés du département de la Somme.

18449. — Amiens, Imp. T. Jeunet.

www.ingramcontent.com/pod-product-compliance
Lightning Source LLC
Chambersburg PA
CBHW050446210326
41520CB00019B/6088